HENRI BOCAGE

EN PARTIE FINE

COMÉDIE EN UN ACTE

Prix : 1 fr. 50

PARIS
PAUL OLLENDORFF, ÉDITEUR
28 *bis*, RUE DE RICHELIEU, 28 *bis*

1885

EN PARTIE FINE

COMÉDIE EN UN ACTE

Représentée pour la première fois, au théâtre du VAUDEVILLE, le 10 septembre 1884.

IMPRIMERIE GÉNÉRALE DE CHATILLON-S-SEINE. — A. PICHAT.

EN PARTIE FINE

COMÉDIE EN UN ACTE

DE M. H. BOCAGE

PARIS
PAUL OLLENDORFF, ÉDITEUR
28 *bis*, RUE DE RICHELIEU, 28 *bis*

1885

PERSONNAGES

ANDRÉ DE RIOM	MM. E. Vois.
GASTON DE PRÉMORIN.	Corbin.
EDMOND	François.
BERTHE	Mlle Caron.

Pour la musique des couplets s'adresser à M. E. Vois, au théâtre du Vaudeville.

EN PARTIE FINE

Cabinet de restaurant, porte au fond, fenêtre à gauche, porte au premier plan à droite, cheminée avec glace au fond à gauche, canapé à droite, table avec deux couverts au milieu, fauteuil à gauche. — A droite, au fond, une console, sonnette électrique à droite près de la porte du fond, une pendule arrêtée sur la cheminée.

SCÈNE PREMIÈRE

EDMOND, dressant le couvert.

Quelle heure est-il? (Il consulte la pendule.) Que je suis bête, elle ne marche jamais. (Regardant sa montre.) Sept heures. — M. de Prémorin ne va pas tarder à venir, nous disons deux couverts ! M. de Prémorin en partie fine... c'est un comble ! Quel peut-être le second couvert ?

La porte du fond est restée ouverte. Gaston entre.

SCÈNE II

EDMOND, GASTON.

GASTON.

Vous êtes seul, Edmond !

EDMOND.

M. de Prémorin !,.. Oui, monsieur !

GASTON.

La personne n'est pas encore venue?

EDMOND.

Pas encore ; du reste, il n'est que sept heures — et les femmes se font toujours attendre — je n'apprends rien à monsieur.

GASTON.

Edmond... je suis venu en avance — pour vous recommander. — Tenez, voici cinq francs. — D'abord les plus grands égards...

EDMOND.

Oh! monsieur! à la Maison dorée — tenue de diplomate.

GASTON.

Ensuite... je viens vous prier, lorsque vous offrirez le menu, vous ne pousserez pas trop à la consommation.

EDMOND.

Je connais les principes de M... Monsieur ne jette pas les cailles par la fenêtre.

GASTON.

Oh ! ce n'est pas par économie.

EDMOND.

Puisque monsieur me donne cinq francs.

GASTON.

Vous voyez... non, c'est affaire de convenances. Ainsi pas de primeurs — pas d'asperges en branche... pas de fraises... nous sommes en décembre — ça n'a aucun goût.

EDMOND.

Mais si la personne exprimait une envie.

GASTON.

Pas de danger... Elle est sobre, discrète, et c'est la première fois qu'elle dîne en cabinet particulier. Ses aspirations sont donc bornées.

EDMOND.

Une femme qui n'a jamais dîné en cabinet particulier ! Mais, monsieur, c'est la dernière grisette.

GASTON.

Je vous prie, Edmond, de ne pas chercher à percer son incognito.

EDMOND.

Ah ! monsieur le baron !...

GASTON.

Ainsi, c'est convenu — un menu...

EDMOND.

Bourgeois — compris...

GASTON.

Je vais dire à la dame de comptoir d'indiquer le 14, lorsqu'on me demandera. Je serai ici dans dix minutes. Le temps de cueillir quelques fleurs.

EDMOND, *à part.*

Ah ! oui, dans les prix doux.

GASTON.

A tout à l'heure, Edmond !... Les soins les plus délicats.

EDMOND.

Soyez tranquille, monsieur le baron.

Gaston sort.

SCÈNE III

EDMOND, puis ANDRÉ.

EDMOND.

S'il s'imagine que je n'aurai pas bientôt dépisté son inconnue... Avec ça, qu'il n'en est pas débarqué dans ce cabinet, des flottes de femmes, pavoisées sur toutes les coutures et de tous les pavillons... D'abord moi, je reconnais une femme, à son parfum. — Je respire une femme, elle est démasquée! (On entend des coups de sonnette.) On s'impatiente au 15... Quel rat! que ce Prémorin, un homme de quatre-vingt mille francs de rentes... qui spécule sur des blancs de volaille! (Coups de sonnette.) On s'impatiente toujours au 15. Je la vois d'ici, sa Dulcinée; c'est quelque conquête du Marais. (On entend la voix d'André): — Garçon! garçon! Tiens! c'est monsieur de Riom!

ANDRÉ, paraissant sur le seuil de la porte du fond.

Garçon! — Eh bien! Edmond, — voilà une heure que je sonne, et vous ne bougez pas!

EDMOND.

Pardon, monsieur — le 15 n'est plus dans mon service. J'ai été versé dans le 14.

ANDRÉ.

Je l'avais demandé, le 14.

EDMOND.

Je le sais, monsieur. Malheureusement il était retenu.

ANDRÉ.

Tant pis!... je l'aime, ce 14, avec ses fauteuils usés et son canapé boiteux! Il est tout imprégné des joyeux souvenirs de ma vie de garçon. — C'est ici que la brune Ida... une belle brune, n'est-ce pas?

EDMOND.

Encore... oui, monsieur.

ANDRÉ.

C'est ici... qu'elle m'arma chevalier! c'est ici sur cette glace, qu'elle traça nos deux noms — les voilà... André... Hida... avec un H;... elle n'y regardait pas!...

EDMOND.

Pas comme monsieur de Prémorin! il doit économiser, même sur l'orthographe.

ANDRÉ.

1 orin...?

EDMOND.

C'est lui qui a retenu le 14... monsieur connaît ?

ANDRÉ.

Gaston ! c'est un de mes bons amis... Il dîne chez moi, deux fois par semaine ou trois.

EDMOND, à part.

Pique-assiette, va !

ANDRÉ.

Son convive ?

EDMOND.

J'ai voulu savoir... Le baron a été très boutonné. (Riant.) Il laisse entendre qu'il s'agit d'une primeur, — moi je pencherais pour une conserve !

ANDRÉ.

Voyez-vous le cachottier ! C'est donc cela que depuis six mois, on ne lui connaît pas de maîtresse... Il s'entoure de mystère — il fait le discret — mais voilà le nid, et nous verrons bien la tourterelle... Edmond, cinq louis pour qu'il ignore que je suis son voisin.

EDMOND.

Je n'ai jamais su rien refuser à monsieur.

ANDRÉ, lui donnant un billet de banque.

Je connais vôtre faible... (Coups de sonnette.) C'est Ida qui s'impatiente ! (Imitant la voix du garçon.) Voilà ! voilà ! (A Edmond.) Pas un mot. (Sortant, à un garçon qui porte un plateau.) Enfin c'est heureux !...

SCÈNE IV

EDMOND, seul.

Voilà un bon vivant — la main toujours ouverte !... le pourboire facile. — C'est ça qui vous réconcilie avec l'humanité.

UN GARÇON, au dehors.

Par ici, madame! par ici!

EDMOND.

Ah! voici le second couvert.

SCÈNE V

BERTHE, EDMOND.

Un garçon ouvre la porte du fond qu'André a refermée en sortant et laisse passer Berthe, qui est enveloppée dans un manteau, et dont le visage est couvert d'un voile épais.

BERTHE.

C'est bien ici le cabinet qu'a retenu M. de Prémorin?

EDMOND.

Oui, madame. — M. le baron est allé faire une petite course... à deux pas d'ici... il prie madame de l'attendre... Madame désire-t-elle un apéritif?

BERTHE, surprise.

Un apéritif?

EDMOND.

Oui, par exemple un madère? ou un xérès?

BERTHE.

Non, non, merci.

EDMOND, désignant la droite.

Si madame veut se débarrasser... Il y a là un cabinet de toilette.

BERTHE, surprise.

Ah?

EDMOND.

Ah! oui, madame, tout a été prévu.

BERTHE, d'un ton sec.

C'est bien, laissez-moi!

EDMOND.

Si madame avait besoin de mes services, (Lui désignant le bouton électrique.) madame n'aurait qu'à sonner; une légère pression et j'accours. (Il salue.) Edmond... et pour ce qui est de la discrétion... (Respirant bruyamment.) Du seringat, c'est une femme du monde !

BERTHE, se détournant.

Singulier garçon !...

Edmond sort.

SCÈNE VI

BERTHE.

A peine Edmond est-il sorti que Berthe se précipite à la fenêtre et soulève les rideaux.

Cet homme est toujours là ! j'ai déjà vu cette figure-là quelque part ! Il arpente le boulevard ! Il regarde de ce côté... Ah ! mon Dieu ! si j'avais été suivie, reconnue !... j'ai pourtant pris toutes les précautions... Je ne suis descendue de fiacre qu'à la porte du restaurant ! Et ce triple voile ! (Elle retourne à la fenêtre.) Il s'éloigne... une femme vient au-devant de lui... elle lui prend le bras... Ah ! je m'étais trompée !... (Elle défait son manteau et son voile.) Le voilà donc ce fameux cabinet particulier, où j'avais tant envie de pénétrer ! Peuh ! ça n'est pas bien joli !... Tout cela est bien défraîchi... bien fané... Du mauvais velours !... J'avais rêvé tout autre chose... un boudoir discret et capitonné, un mobilier élégant — pas banal, comme celui-ci... Des meubles — des tentures — des objets d'art, — des tableaux — des glaces ! Ah ! une glace en voici une ! (Elle s'en approche.) Mais on ne s'y voit pas, là dedans c'est tout brouillé. — Qu'est-ce que c'est que tous ces zigzags ? Des hiéroglyphés ? (Lisant.) Paul, Raoul, Anatole, Emile... des noms d'hommes... Juliette — Ida... des noms de femmes ! Drôle d'idée ! André ! André !... le nom de mon mari sur cette glace !... Oh ! mais je suis folle ! Il n'a pas pris un brevet... c'est égal... ce nom qui se dresse devant moi, comme un avertissement .. comme une leçon ! J'ai été bien imprudente... Heureusement il est au banquet des Barbistes... en train de prononcer un discours en vers... C'est ma seule excuse ! (*On frappe à la porte du cabinet. — Effrayée.*) Ah ! mon Dieu, on a frapppé...

Elle se cache la figure avec son voile.

SCÈNE VII

BERTHE, GASTON.

GASTON, *un bouquet à la main.*

C'est moi ! Je vous ai fait peur?

BERTHE.

Horriblement !

GASTON.

C'est vrai qu'elle est toute tremblante ! Ses petites menottes sont glacées... Voyons, remettez-vous... nous sommes en sûreté ici.

BERTHE.

Vous croyez ?

GASTON.

Mais, certainement. — Y a-t-il longtemps que vous êtes arrivée ?

BERTHE.

Il me semble que oui... Je n'étais pas bien à mon aise, toute seule, dans ce cabinet...

GASTON.

J'avais prévenu que si l'on me demandait...

BERTHE.

Je l'ai bien vu... Lorsque je me suis adressée à la grosse dame qui trônait dans son comptoir... elle a souri d'un air... qui m'a fait froid dans le dos.

GASTON, à part.

O candeur !

BERTHE.

Et lorsque j'ai dû affronter les regards de tous ces garçons qui me dévisageaient d'un air narquois... j'ai failli me trouver mal.

GASTON.

Etes-vous enfant. Je suis sûr qu'on n'a seulement pas fait attention à vous... Il y a dans ces corridors, un tel courant.

BERTHE.

Quel courant?...

GASTON.

Je veux dire... un tel va-et-vient... que les garçons sont blasés !...

On entend une clé qui s'agite dans la serrure.

BERTHE, effrayée.

Qu'est-ce que c'est? — on fouille dans la serrure...

GASTON.

C'est le garçon. — Il nous prévient qu'il va entrer...

BERTHE.

Pourquoi?

GASTON.

Je vous expliquerai cela! Plein de tact... ce garçon.

BERTHE.

Je ne trouve pas.

SCENE VIII

LES MÊMES, EDMOND.

EDMOND.

Je viens prendre les ordres de M. le baron... (A part.) Exquise !

GASTON.

Ah ! très bien... Edmond... (Edmond prend un carnet et un crayon.) Voyons, Edmond... rédigez-nous un de ces menus délicats (Bas, à Edmond.) mais bourgeois, dont vous avez le secret.

EDMOND.

Je vais tâcher de justifier la confiance de M. le baron... (Bas.) Déshonorer la Maison dorée, jamais ! (Haut.) Hors-d'œuvre — Crevettes roses et caviar.

GASTON.

Ah ! des crevettes en hiver — et du caviar, boulevard des Italiens. (A Edmond.) Qu'est-ce que vous dites donc ? (A Berthe.) Du beurre et des radis, n'est-ce pas ?

BERTHE.

Comme vous voudrez !

EDMOND, écrivant avec mépris.

Beurre et radis. (Parlé.) Potage bisque, c'est tout indiqué...

GASTON, surpris.

Hein ? (Bas.) Vous êtes fou.

BERTHE.

Oui, oui, de la bisque... Je n'en ai jamais mangé.

GASTON.

Une bisque ! Nerveuse, comme vous l'êtes !

BERTHE.

Ça me calmera.

GASTON.

Il me semble qu'une bonne croûte au pot...

BERTHE.

Non, non, de la bisque.

EDMOND, écrivant, à part.

Pourquoi pas de la soupe aux choux. (Haut.) Comme entrée ! un turban de soles vénitiennes.

GASTON.

Un turban ?

EDMOND.

Oui, c'est un plat turc !... je le recommande à madame !

BERTHE.

Soit ! un turban...

EDMOND, inscrivant.

Rôti — perdreaux truffés !

GASTON, voulant l'arrêter.

Mais...

EDMOND.

Flanqués de cailles, monsieur le baron.

GASTON.

Des perdreaux... des truffes !... On ne mange que cela depuis l'ouverture de la chasse... (A Berthe.) Qu'est-ce que vous penseriez d'une jolie petite blanquette de veau ?

BERTHE.

Oh ! non, par exemple ! du veau ! je préfère le gibier.

EDMOND.

Quelques asperges en branche !

GASTON, furieux.

Bandit !

EDMOND.

Un parfait ! Dessert varié ! Fraises — raisin — ananas — fromage... Ça n'a pas d'importance...

GASTON, à part.

Pas d'importance ! pas d'importance !

EDMOND.

Et comme vin... Du moët, tout le temps, dans une carafe frappée !

BERTHE.

Oui, c'est cela ! Du champagne ! j'ai besoin de m'étourdir !

EDMOND.

Monsieur est content ?

GASTON, bas, à Edmond.

Rends-moi mes cent sous !

EDMOND, bas.

Ah ! monsieur le baron... Je ne rends pas l'argent !

GASTON, à part.

Eh bien !... l'addition sera corsée. Enfin !... C'est le dîner des fiançailles... peut-être!... Edmond !

EDMOND.

Monsieur le baron ?

GASTON.

Mettez la table devant le canapé !

BERTHE.

Comment ! devant le canapé !

GASTON.

C'est toujours comme ça en cabinet particulier.

BERTHE.

C'est drôle !

EDMOND.

Monsieur le baron est servi.

Il sort.

SCÈNE IX

BERTHE, GASTON.

GASTON.

Maintenant, mettons-nous à table. Aurez-vous faim ?

BERTHE, s'asseyant sur le canapé.

Je crois que oui.

GASTON, s'asseyant près d'elle.

Alors tout va bien... ma chère Berthe !

BERTHE.

Pas si près... un peu plus loin... vous vous souvenez de nos conventions? Je mourais d'envie de connaître un cabinet particulier... d'y vivre une heure, mais je n'ai accepté votre invitation, qu'à la condition expresse, que vous ne me feriez pas la cour, et que vous ne chercherez pas à me traiter comme... comme ces demoiselles qui établissent ici leurs lignes de défense.

GASTON.

Je respecterai le traité... ou je m'engage à vous payer une forte indemnité...

BERTHE.

Non, non, pas d'indemnité... Ça mène trop loin les indemnités... (Se renversant en arrière.) Ah ! mon Dieu... j'ai failli tomber... ce meuble est tout disloqué !

GASTON.

C'est le ressort ! (A part.) un peu fatigué !

BERTHE.

J'ai eu une peur ! (Elle se lève. — Gaston sonne.) Eh bien ! qu'est-ce que vous faites ?

GASTON.

J'appelle le garçon pour qu'il remette en état...

BERTHE.

Mais je ne veux pas... je ne veux pas... Ce garçon pourrait s'imaginer des choses... Je n'oserais plus le regarder. — Nous dînerons autrement, voilà tout.

GASTON, Edmond entre avec le potage, qu'il dépose sur la console à droite. — A part.

Ça, c'est une deveine. (Haut.) Edmond, remettez la table.

EDMOND, à part.

Ah !...

Il met la table au milieu du salon.

BERTHE.

C'est cela ; remettons-nous là !

EDMOND, mettant le potage sur la table.

Voici le potage — et maintenant M. le baron n'attendra plus. (Respirant et à part.) Du seringat irisé !

Il sort.

GASTON, à Berthe.

Du potage ?

BERTHE.

Rien qu'un peu... Oh ! que c'est fort!

GASTON.

Non... moi, je le trouve un peu doux.

BERTHE, apercevant la pendule.

Tiens ! cette pendule ! Pourquoi ne marche-t-elle pas ?

GASTON.

Par discrétion.

BERTHE.

Comprends pas.

GASTON.

Ici ça doit être toujours la même heure. . l'heure du berger.

Il se rapproche.

BERTHE.

J'ai compris... gardez vos distances... (On entend un bruit de voix et de rires dans le cabinet voisin. Berthe inquiète.) Il y a donc du monde à côté ?

EDMOND, entrant avec une bouteille de champagne dans un seau. A part.

On ne s'embête pas au 15.

GASTON, à Berthe.

Sans doute... on y dîne...

BERTHE.

Mais alors, on entend tout ce qui se dit ici... puisque moi-même... Vous auriez dû me prévenir... Je ne me suis pas méfiée... On a peut-être reconnu ma voix.

GASTON, Edmond enlève les assiettes à potage, met le champagne et sort.

Les gens qui dînent dans ce cabinet, ne nous connaissent pas, et ne s'occupent guère de nous.

BERTHE, inquiète.

Qui sait ?

GASTON, lui servant des crevettes.

Quelques crevettes roses ?

On entend André, chanter dans la coulisse, un couplet des écrevisses, de M. Jacques Normand.

BERTHE, tendant l'oreille du côté du cabinet de droite.

Ah ! mon Dieu !

GASTON.

Quoi donc ?

BERTHE, très bas.

Cette voix !... Ecoutez ! on dirait la voix de mon mari.

André a cessé de chanter.

GASTON.

Puisqu'il est au banquet des Barbistes...

BERTHE.

Oui... je sais... mais il m'avait semblé...

GASTON.

Un effet d'acoustique.

Edmond du dehors, fouille dans la serrure.

BERTHE.

On a remué dans la serrure.

GASTON.

C'est toujours le garçon qui avec son tact ordinaire...

BERTHE.

Je trouve cela d'une inconvenance! Pour qui me prend-il donc ?

GASTON.

Mais ..

EDMOND, entrant un plateau à la main, et deux assiettes.

Le turban de soles vénitiennes ! (Servant des assiettes.) Prenez garde aux assiettes... elles sont bien chaudes.

BERTHE, à Edmond.

Connaissez-vous les personnes qui dinent dans ce cabinet ?

EDMOND.

Non... non... madame. Ce cabinet n'est pas dans mon département.

Il sort.

GASTON.

Voyons, calmez-vous... je vous assure que vous n'avez rien à craindre... Un filet de ce turban ?... Le fameux plat turc ?

BERTHE.

Merci... tout cela m'a coupé l'appétit.

GASTON.

Par exemple.

BERTHE.

Tenez... pour un peu, je rentrerais chez moi.

GASTON.

C'est pour rire... Cette chanson...

Un second couplet des Écrevisses chanté dans la coulisse par André.

BERTHE, se levant affolée après le couplet.

C'est lui ! c'est bien lui ! J'en suis sûre, maintenant. Où fuir ?

GASTON.

Vous voulez me planter là ?

BERTHE.

Parbleu ! Si vous croyez que je vais m'exposer. — Demandez une voiture.

Elle sonne.

GASTON.

Mais il ne viendra pas vous chercher ici...

BERTHE, mettant son manteau.

En tout cas, je ne l'attendrai pas...

Edmond entre.

SCÈNE X

LES MÊMES, EDMOND.

BERTHE.

Vous ferez avancer une voiture.

EDMOND.

Bien, madame... Ah ! voici une carte qu'on m'a chargé de remettre à M. le baron.

GASTON.

Une carte pour moi. (Il prend la carte et lit.) André de Riom !

BERTHE.

La carte de mon mari !

EDMOND.

Ce monsieur demande à parler à M. le baron... Il dit que c'est pressé... qu'il y a urgence.

BERTHE, à part.

Il sait tout : je suis perdue !

GASTON.

Vous lui avez donc dit que j'étais ici ?

EDMOND.

Oh ! monsieur le baron ! mais peut-être a-t-il reconnu votre voix... Ces cloisons sont si minces — c'est le vice rédhibitoire de la maison... Que faut-il répondre ?...

GASTON.

Répondez...

BERTHE, bas, l'attirant à l'avant-scène.

Vous n'allez pas le faire entrer ici...

GASTON, bas, très vite.

Le moyen de faire autrement! S'il a des soupçons et que je lui refuse l'entrée de ce cabinet — je le connais — il forcera la porte... s'il n'en a pas — on peut, avec un peu de présence d'esprit, se tirer d'affaire.

BERTHE.

C'est juste ! mais moi?...

GASTON, lui désignant le cabinet de toilette.

Vous — vous allez vous cacher là. (A Edmond.) Dites à M. de Riom que je vais le recevoir... Seulement, avant de l'introduire ici, vous attendrez que je sonne...

EDMOND, sortant.

Bien, monsieur le baron !

GASTON, à Berthe.

Dépêchez-vous...

BERTHE.

Oui, oui... Ah! mon Dieu!... mes gants... mon voile... Vous serez prudent?

GASTON, la poussant dans le cabinet.

Comptez sur moi!

SCÈNE XI

GASTON, ANDRÉ.

GASTON.

Drôle de partie fine!

ANDRÉ, entrant.

Ah! je t'y prends, sournois.

GASTON, embarrassé.

Un hasard! un simple hasard!... je passais...

ANDRÉ.

Dis, une bonne fortune, mon gaillard.

GASTON, à part.

Il ne se doute de rien!

ANDRÉ.

Mais, tu es seul! Et la tourterelle? Envolée? Ah! non.., tu l'as mise en cage. (Il désigne le cabinet.) Cachottier!

GASTON.

Dame...

ANDRÉ.

Eh bien! je viens te proposer de l'en faire sortir.

GASTON.

Comment?

ANDRÉ.

Voilà. Je dîne à côté, avec Ida, Serinette, Coralie et quelques amis du cercle.

GASTON.

Je te croyais au banquet des Barbistes !

ANDRÉ.

Je me suis servi de ce prétexte, auprès de ma femme, pour avoir ma liberté... Je lui ai même fait avaler un discours, en vers, à la pauvre mignonne... Enfin, ça lui sera compté... Figure-toi qu'il y a huit jours, je rencontre Ida rue de la Paix. Ah! s'écrie-t-elle, que je suis donc contente de te rencontrer!

GASTON, de façon à être entendu.

Ah! elle te tutoie?

ANDRÉ.

Habitude d'enfance! Elle m'a vu si jeune, et elle ajoute: Je suis veuve, mon époux est à Contrexéville.

GASTON, souriant.

Diable!

ANDRÉ.

Je m'ennuie! tu serais bien gentil, de me mener dîner au cabaret, avec des amis, — nous ferons la fête! — Cette invitation à brûle-pourpoint... — C'était embarrassant. — J'avais connu Ida, avant les neiges d'antan... et n'ayant jamais eu qu'à me louer d'elle...

GASTON.

Elle ne t'avait pas coûté trop cher!

ANDRÉ, haussant les épaules.

Est-ce que je m'occupe de ça?... Non... je veux dire qu'Ida, qui n'avait traversé ma vie, que comme un oiseau de passage...

GASTON.

Une grue!

ANDRÉ.

S'était toujours montrée très bonne fille, et que je ne pouvais guère lui refuser... Bref, j'oubliai, pendant cinq minutes, que j'étais marié, — j'invoquai sainte Barbe, pour avoir ma soirée libre, — ma pauvre petite femme coupa dans le pont, enfin ce soir, elle me croit à un banquet de vieux Labadens, la chère petite !... et nous sommes là, depuis une heure, à battre... les buissons d'écrevisses... Ida t'a vu entrer ici, alors je me suis dit : plus on est de fous, plus l'on rit... Si nous fusionnions. Si Gaston apportait à notre table son couvert et celui de sa petite camarade.

GASTON.

Hein ! tu dis?

ANDRÉ.

Qu'il faut que vous soyez des nôtres ! Ida te racontera son histoire, c'est très gai... Elle prétend que c'est son père... qui a gagné la bataille d'Austerlitz...

GASTON.

Tiens... je croyais que...

ANDRÉ.

Voilà comme on écrit l'histoire... Viens-tu ? Voyons déniche la colombe?

GASTON.

Mais non, c'est impossible !

ANDRÉ.

Pourquoi?

GASTON.

Parce que... parce que.. Je suis venu ici pour dîner en tête-à-tête.

ANDRÉ.

C'est donc un premier rendez-vous ?

GASTON.

Justement !

ANDRÉ.

Oh ! alors, je comprends le huis-clos... Je n'insiste pas.

GASTON, respirant et à part

Enfin !

ANDRÉ, fausse sortie.

Mais comment se fait-il que tu ne m'aies jamais parlé de cette mystérieuse conquête?... Est-ce que je la connais?

GASTON.

Non! non!

ANDRÉ.

Oh! à la façon dont tu dis non... je suis sûr que c'est oui.

GASTON, troublé.

Tu te trompes absolument.

ANDRÉ.

Alors si je ne la connais pas, présente-moi, nous ferons connaissance.

GASTON.

Par exemple!!

ANDRÉ, faisant un pas vers le cabinet.

Veux-tu que je lui demande? Madame...

GASTON.

André!

ANDRÉ.

Ah çà! c'est donc une vertu? Une demoiselle de magasin? Je parie que tu l'as prise au Bon Marché!

GASTON, vexé.

Comme c'est spirituel!... ne dirait-on pas que je suis avare!

ANDRÉ.

Non, — mais tu es serré, — très serré, — et si ce n'est pas une demoiselle de magasin, — ce doit être une femme mariée!!

GASTON.

C'est ce que c'est... et ton insistance...

ANDRÉ.

Allons, allons, ne te fâche pas... garde ton secret. Je

vais raconter mon échec à mes compagnons de table et nous boirons à la santé de tes amours. Bonsoir, Cupidon.

GASTON.

Bonsoir.

ANDRÉ, fausse sortie.

Ah! dis donc, quand tu verras ma femme! pas de gaffe, hein! Je serais désolé qu'elle apprît... Pauvre Berthe... Elle croirait que je ne l'aime plus! Et pourtant, Ida! oh! Dieu, non, par exemple!... c'est compris, n'est-ce pas?

GASTON.

Oui. . oui... c'est compris. (André sort.) Ouf!

SCÈNE XII

GASTON, BERTHE.

Lorsque André est sorti, Gaston ouvre la porte du cabinet. Berthe paraît sur le seuil et s'évanouit.

GASTON.

Venez... il est parti... Evanouie! (Il lui frappe dans la main et la conduit au canapé.) Froide comme un marbre... Berthe, Berthe, revenez à vous! Elle ne bouge pas! Impossible d'appeler! En voilà une situation! (Il va chercher du vinaigre sur la console à droite.) Respirez ça, oh! elle revient... elle rouvre les yeux!

BERTHE.

Ah! emmenez-moi.

GASTON.

Remettez-vous! remettez-vous! là! (Il lui tapote les mains.) Il n'y a pas de mal... et puis, plus rien à craindre, puisqu'il dîne en compagnie... Allons, à table!

BERTHE.

Est-ce que vous êtes fou ! Ah ! j'en ai assez de vos cabinets particuliers ! Votre bras, monsieur de Prémorin.

GASTON.

Ah ! mais non, vous ne pouvez pas vous en aller comme ça ! Voilà six mois que je vous fais la cour, et lorsque j'obtiens enfin un rendez-vous...

BERTHE.

Mais qu'espériez-vous donc ?

GASTON.

Mais, dame... j'espérais ! En voilà une question !... Dîner avec vous d'abord.

BERTHE.

C'est bon, je sortirai seule !

GASTON, se mettant devant la porte.

Mais je vous dis que non : je ne vous laisserai pas passer !

BERTHE.

Vous plaisantez sans doute ?

GASTON.

Pas du tout ! ça serait trop facile... Vous me prendriez pour un imbécile.

BERTHE.

Monsieur... laissez-moi ! ou...

EDMOND, entrant vivement par le fond.

Madame... M. de Riom dévisse la serrure du cabinet de toilette... Il va entrer ici.

BERTHE.

Ah ! mon Dieu ! partons ! Merci, monsieur, merci.

Elle sort.

GASTON, sortant.

Eh bien ! je m'en souviendrai de cette partie-là.

EDMOND, à la porte du cabinet, se retourne et n'aperçoit plus personne.

Comment, ils sont partis ! eh bien ! et l'addition ?

Il sort.

SCENE XIII

ANDRÉ, puis EDMOND.

ANDRÉ, entrant par la droite.

Victoire ! Me voici dans la place ! Hein ! personne ! Gaston ? (Il regarde partout.) Ah ! je suis refait !

EDMOND, entrant.

Monsieur !

ANDRÉ.

Quoi ?

EDMOND.

C'est une dame qui vous demande.

ANDRÉ.

Une dame ? Quelle dame ?

EDMOND.

Une dame voilée !

ANDRÉ.

Ah Voyons...

EDMOND.

Veuillez entrer, madame.

ANDRÉ.

Une farce de mademoiselle Ida, sans doute.

Berthe entre, Edmond sort.

SCÈNE XIV

BERTHE, ANDRÉ.

André salue et offre un siège avec un respect exagéré. Berthe se dévoile après la sortie d'Edmond, et se plante en face d'André.

ANDRÉ, reculant.

Ma femme !

BERTHE.

Ce n'est pas moi que vous attendiez...

ANDRÉ.

Berthe ! vous ! ici !

BERTHE, riant.

Vous ne riez pas... le fait est que votre situation... (Changeant de ton.) Vous avez dû me croire un peu bébête... Hein ? il y a deux heures... quand vous me récitiez cette magnifique poésie, destinée aux bons camarades... n'est-ce pas que j'avais bien l'air de... comment dites-vous...? de couper dans le pont !

ANDRÉ.

Mais qui vous a dit ?

BERTHE.

Oh ! c'est très simple... c'est à la portée de tout le monde... je vous ai fait filer...

ANDRÉ.

Madame !

BERTHE.

Ces chers Barbistes ! Voulez-vous que je vous cite leurs noms ?... D'abord mademoiselle Ida... une épave de vos aventures galantes... très ferrée sur la bataille d'Austerlitz.

ANDRÉ.

C'est trop fort ! Comment savez-vous ?...

BERTHE.

Par ma police. (Changeant de ton.) Après six mois de mariage, vous n'êtes pas honteux !

ANDRÉ, très gêné.

Si vraiment — je suis honteux.

BERTHE.

Voilà tout ce que vous trouvez.

ANDRÉ.

Je voudrais bien vous y voir... C'est-à-dire, non...

BERTHE.

Vous croyez peut-être que je plaisante. — Soulevez le rideau de cette fenêtre... en bas,.. sur le boulevard... vous verrez un fiacre... dans le fiacre, un commissaire ceint de son écharpe et de son secrétaire (Arrêtant André.) Non... ne soulevez pas... c'est le signal convenu... il instrumenterait...

ANDRÉ.

Comment, il instrumenterait... que signifie ?...

BERTHE.

Votre cabinet... le cabinet du banquet... il est surveillé. Je puis d'un geste faire constater le flagrant délit, et munie de ce document vous intenter un joli procès. De Riom contre de Riom, cela fera très bien, n'est-ce pas ?

ANDRÉ.

Ah ! Berthe !

BERTHE.

Vous dites ?

ANDRÉ.

Oh ! madame ! (S'approchant d'elle.) Non... tu ne feras pas cela. Eh bien ! oui, c'est bête... ça n'a pas de nom... et je n'ai pas d'excuse puisque je t'aime... (Sur un geste.) Oh ! je t'aime sincèrement. — Encore si je l'avais cherché ! mais non, ça n'est pas ma faute... un engrenage... un traquenard... Dans la rue de la Paix je la rencontre... elle m'invite... à l'inviter... alors... Puisque je te dis que c'est stupide... Mais je ne suis qu'un homme... une créature faible... Tu souris... d'abord, c'est la première fois, et si jamais je recommence... je consens...

BERTHE.

A la peine du talion ?

ANDRÉ.

Oh !

BERTHE, étendant la main.

C'est à prendre ou à laisser.

ANDRÉ, lui saisissant la main.

Je prends.

BERTHE.

Alors je pardonne... à une condition...

ANDRÉ.

Acceptée...

BERTHE.

C'est que vous m'emmènerez partout... appuyée sur votre bras... que vous me ferez connaître tous les plaisirs défendus... que vous me conduirez aux premières du Palais-Royal, que vous me laisserez lire Sapho...

ANDRÉ.

Sapho ! l'Assommoir ! Nana ! Tout ce que tu voudras... C'est juré... renvoie le commissaire.

BERTHE, regardant

Il est parti. Pour commencer notre voyage de noces nous allons dîner ici, tous deux, en partie fine.

ANDRÉ, joyeux.

J'appelle le garçon.

Il sonne.

BERTHE, s'asseyant à table.

Bien.

ANDRÉ.

Et tu vas commander le menu.

EDMOND, entrant.

Monsieur a sonné.

ANDRÉ.

Oui... nous dînons ici... Enlevez tout ça.

EDMOND, à part.

Tiens... tiens... le seringat.

BERTHE, prenant la carte.

Ecrivez, je vous prie.

EDMOND.

Beurre et radis ?...

BERTHE.

Non — crevettes et caviar... potage bisque, c'est indiqué... Turban de soles à la vénitienne, perdreaux truffés.

EDMOND.

Flanqué de cailles...

BERTHE.

Oui... Asperges en branche... fraises... dessert, ça n'a pas d'importance... Comme vin, moët tout le temps dans une carafe frappée. — Allez.

EDMOND, à part.

Le menu de l'autre — c'est très drôle...

BERTHE.

Ah ! attendez... des écrevisses bordelaises... et servez : j'ai très faim !

EDMOND, à part, sortant.

Oh ! les femmes ! je mettrai tout sur la même note...

BERTHE.

Les écrevisses!... est-ce qu'il n'y a pas une chanson là-dessus ?...

ANDRÉ.

Mais... oui... en effet... Je crois me rappeler.

BERTHE.

Vous la connaissez, chantez-la.

ANDRÉ.

Comment, tu veux...

BERTHE.

Je t'en prie...

ANDRÉ.

Soit ! mais au dessert.

Il l'embrasse.

EDMOND, entrant avec le potage.

Hein ! déjà !

Rideau.

FIN

IMPRIMERIE GÉNÉRALE DE CHATILLON-S-SEINE. — A. PICHAT.

LIBRAIRIE PAUL OLLENDORFF
28 *bis*, rue de Richelieu, — PARIS.

DERNIÈRES PUBLICATIONS

SERGE PANINE, pièce en cinq actes, par Georges Ohnet. (Gymnase-Dramatique), in-18, 2e édition. . . . . 2 »

LE MAITRE DE FORGES, pièce en quatre actes et cinq tableaux, par Georges Ohnet, (Gymnase-Dramatique), in-18, 11e édition . . . . 2 »

LE COUP DU LAPIN, comédie en un acte, par Gaston Briet et Cerfbeer, (Théâtre Déjazet), in-18. . . . . . . 1 50

RABELAIS NOVICE, comédie en un acte, par Pierre Robbe, in-18. . . . . 1 50

LE NOM, comédie en 5 actes, par Émile Bergerat, (Odéon), avec lettre-préface à Adolphe Dupuis, in-18 . . 2 »

SMILIS, drame en quatre actes en prose, par Jean Aicard, (Comédie-Française), 1 vol. grand in-8 cavalier. 3 50

UN CRANE SOUS UNE TEMPÊTE, saynète, par Abraham Dreyfus, in-18. . . . . 1 »

OSCAR BOURDOCHE, comédie en un acte, (Cluny), par E. Grenet-Dancourt, in-18. . . . . 1 50

TROIS FEMMES POUR UN MARI, comédie-bouffe en trois actes, par E. Grenet-Dancourt, (Cluny), in-18, 2e édition . . . . 2 »

L'UNE OU L'AUTRE, saynète en un acte, par Eugène Verconsin, in-18 . . . . 1 »

LE BAISER, opéra-comique en un acte, par Henri Gillet, musique par Adolphe Deslandes (Opéra-Comique), in-18 . . . . 1 50

SCÈNES A DEUX, par Adolphe Carcassonne, in-18. . 3 50

PIÈCES A DIRE, par Adolphe Carcassonne, in-18. 3 50

NOUVELLES PIÈCES A DIRE, par Adolphe Carcassonne, 2e édition, in-18 . . . . 3 50

A CÔTÉ DE LA RAMPE, comédies et saynètes, par E. Romberg, 1 vol. in-18. . . . . 3 50

MONOLOGUES COMIQUES ET DRAMATIQUES, par E. Grenet-Dancourt, in-18. . . . . 3 50

MONOLOGUES ET RÉCITS, par Émile Boucher et Félix Galipaux, in-18 . . . . 2 »

THÉATRE A LA VILLE, comédies de cercles et de salons, par Eugène Ceillier. 1 vol. in-18.................... 3 fr.

THÉATRE DE CAMPAGNE, par E. Legouvé, E. Labiche, H. Meilhac, E. Gondinet, etc., etc.

Ont paru les séries 1 à 8. Chaque série forme un volume in-18 jésus........................... 3 fr. 50

IMPRIMERIE GÉNÉRALE DE CHATILLON-SUR-SEINE, A. PICHAT.

www.ingramcontent.com/pod-product-compliance
Ingram Content Group UK Ltd.
Pitfield, Milton Keynes, MK11 3LW, UK
UKHW022000260726
13994UKWH00004B/1862